- IN EINEM SONNENSTRAHL SICH SPIEGELT

DIE SCHÖNHEIT DER NATUR

VERMAG SIE AUCH ZU TÄUSCHEN

DER MENSCHEN HOCHMUT STUR -

M.B.

~Meilenzeilen~

- GEDICHTE -

Band 1

>In bewusster Stille

tanzen schöpferische Gedanken<

MARC BENDUHN

~INHALT~

~KUNST~

FÜR MANCHE IST ES SPIELEREI

FÜR ANDERE GAR EIN WUNDER

FÜR MICH IST ES SO VIELES MEHR

UND OBENDREIN NOCH BUNTER

M.B.

~DER ANFANG~

WENN KEINER WAGT

EINEN ERSTEN SCHRITT

SO GIBTS KEIN VOR

UND KEIN ZURÜCK

M.B.

~SEIN~

LUSTVOLL DIE NACHT

SCHWEIGEND DER MORGEN

FREI WIE EIN VOGEL

WILD OHNE SORGEN

IMMERZU LACHEND

ENDLOS DER SCHEIN

WAHRHEIT WOHL WACHEND

WELCH LIEBLICHES SEIN

M.B.

~ENTGEGEN~

WENN ALLE SAGEN

NIEMALS NICHT

GERADE DANN

AUS MEINER SICHT

SOLLTEST DU

EIN HERZ DIR FASSEN

WORTE KÖNNEN

RASCH VERBLASSEN

M.B.

~WIR~

MEHR GLÜCK STATT KUMMER

MEHR FREUDE ALS LEID

MEHR SPAß STATT TRÄNEN

ALLEZEIT BEREIT

MEHR MUT STATT FURCHT

MEHR FREUND ALS FEIND

MEHR DEMUT STATT STOLZ

IMMERZU VEREINT

MEHR MENSCH MEHR SEIN

MEHR LICHT MEHR WIR

MEHR LIEBE MEHR UNS

GEMEINSAMES HIER

M.B.

~IN DIR~

SCHLIEßE DIE AUGEN

HALTE DEN KOPF IN DEN WIND

LASS DICH MAL TREIBEN

SO WIE FRÜHER ALS KIND

SCHENKE DIR EIN LÄCHELN

UND DER WELT OBENDREIN

ATME NOCH TIEFER

DIE FREIHEIT IST DEIN

M.B.

~ZWEISEITIG~

MANCHER SPRICHT VOM TRÄUMEN

ALS WÄRE ES NUR SPIELEREI

DOCH DASS DIESES SPIEL

VIEL GUTES BIRGT

VERGISST ER OFT DABEI

M.B.

~BEDACHT~

NUTZE DEINE SINNE

UND LASSE KEINEN ZURÜCK

DEIN LEBEN ZEIGT WANDEL

UND BIRGT NEUES GLÜCK

M.B.

~OBACHT~

WER DEN FORTSCHRITT

NUR ALS FORTSCHRITT SIEHT

DER WIRDS NUR SCHWER VERSTEHEN

DASS FORTSCHRITT AUCH EIN

RÜCKSCHRITT IST

ZU LEICHT WIRDS ÜBERSEHEN

M.B.

~GEZIELT~

DEN MUT ZU HABEN

ZU SAGEN WAS WAHR IST

FURCHTLOS ZU SEIN

ZU TUN WAS KLAR IST

JENES IST DIE KUNST

EIN KUNSTVOLLES LEBEN

TAG FÜR TAG

IM EINKLANG ZU LEBEN

M.B.

~AUS DEM WALDE~

BEHANDLE DEN DER DICH UMGIBT

WIE AUCH DU WILLST STETS GELIEBT

DENN WIE DER WALD

RUFT DICH BEIM NAMEN

SIND DIE FRÜCHTE

DEINER SAMEN

M.B.

~WEISE~

EIN FRAUCHEN MICH MAL FRAGTE

WESHALB ICH SO BEGLÜCKT

DIE ANTWORT DIE ICH GAB

SIE SICHTLICH RASCH ENTZÜCKT

SIE WUSSTE ZU VERSTEHEN

AUCH OHNE JEDES WORT

DASS WENIG MANCHMAL VIEL

EGAL AN WELCHEM ORT

M.B.

~UMGEKEHRT~

GANZ VIEL WENIGER

VON ZU VIEL NEID

GERADE JETZT

ES WÄRE AN DER ZEIT

GANZ VIEL MEHR

VON ZU WENIG VERTRAUEN

UND SIEHE

WAS WIR KÖNNTEN GUTES ERBAUEN

M.B.

~AUS EINEM STÜCK~

DER GEDANKE

DER DICH GLAUBEN LÄSST

ZU STAGNIEREN

IST AUCH DER GEDANKE

DER DICH WISSEN LÄSST

WEITERZUGEHEN

M.B.

~ERKENNEN~

MÖGEN STÜRME AUCH KOMMEN

SIE WERDEN VERGEHEN

DU WIRST KLARER UND HELLER

ALS VORHER NOCH SEHEN

M.B.

~IMMERZU~

DER WEG DER DICH

DURCHS LEBEN BRINGT

HAT STETS AUCH EINEN SINN

UND WENN DU DENKST

ER FÜHRT INS NICHTS

SO SIEH GENAUER HIN

M.B.

~MEDAILLENSEITEN~

WAS AUßEN GLÄNZT

WIRD ALSBALD WELK

WAS INNEN REIFT

DEN GLANZ AUFHELLT

M.B.

~ERLEUCHTUNG~

ICH SCHWAMM MITUNTER OBEN

DOCH TAUCHTE GERNE UNTER

ERKLOMM SO MANCHE BERGE

UND DAS AUCH FREILICH MUNTER

ICH SCHAUTE OFT NACH VORNE

UND DOCH AUCH VIEL ZURÜCK

ICH FÜHLTE UNERSCHÖPFLICH

DOCH VIEL ZU SELTEN GLÜCK

WORAN ES FOLGLICH LAG

ICH KENNE NUN DEN SINN

ICH RANNTE NACH DEM GLÜCK

DOCH TANZT ES ZU MIR HIN

M.B.

~IRRWEG~

WIR BELOHNEN UNS MIT DINGEN

DIE DURCHAUS SCHILLERND KLINGEN

DIE GLÄNZEND ENG UMWORBEN

FÜR FREUDE SOLLEN SORGEN

DOCH WAS WENN DIESE FREUDE

IM SPIEGEL NICHT ERFREUT

DANN WIRD DIE OLLE FREUDE

RECHT SCHNELL AUCH SCHON BEREUT

UND WIE ES NUN SO IST

MIT REUE JENER ZEIT

VERFLIEGT SIE RASCH IM WINDE

NEBST BLÄTTER ALS GELEIT

UND DA SO MANCHES BLATT

NICHT GERN ALLEINE WEILT

SO WEHEN VIELE BLÄTTER

VON FERN HERBEIGEEILT

DRUM WER SICH JETZT NUN FRAGT

WO DIE MORAL DENN BLEIBT

DER SUCH SICH EINEN PLATZ

IM WIND ALS BLATTGELEIT

M.B.

~UNVERHOLT~

ICH WÜNSCHE DIR SO GLAUBE MIR

STETS GLÜCK AUF DEINEM WEGE

TRIFFST DU ES SO DENKE DARAN

HÜTE ES UND PFLEGE

GEH BEDACHT DURCH VIELE JAHRE

LAUF UND BLEIB NIE STEHEN

WIRF NUR AB WAS BALLAST IST

UND SIEH WAS WIRD GESCHEHEN

M.B.

~DIE LIEBE~

VON ALL DEN DINGEN

DIE MIR BEKANNT

IST EINES UNS

RECHT ZUGEWANDT

NICHT IMMER WIRD ES

AUCH GESEHEN

DOCH SCHAUST DU HIN

DU WIRST VERSTEHEN

ES FÜHRT MAGIE

ES FOLGT DAS GLÜCK

DRUM SEI GESPANNT

WIES DICH VERZÜCKT

M.B.

~DEIN~

DIE ZEIT DIE UNS GETRIEBEN

NICHT IN EILE NUR VORAN

SIE WAR WIE WIR UNS LIEBTEN

BEDACHT UND OHNE ZWANG

MIT JEDEM UNSERER SINNE

MIT JEDEM AUGENBLICK

DA BRACHTEN WIR UNS NÄHE

MIT MUT UND STETS GESCHICK

DIES LEBEN DAS NUN ENDET

WAS FOLGLICH JEDES TUT

MEIN HERZ WIRD INNIG BRENNEN

GAR LODERND EINER GLUT

UND WENN ICH DIR DANN FOLGE

AN EINEM TAG WIE DIESEM

DANN WERDEN UNSERE HERZEN

IM EINKLANG EWIG FLIEßEN

M.B.

~DÜNN GESÄT~

WAS WÄHRT UND DAUERT LEBENSLANG

DIES DARF SICH NENNEN FREUNDEBANN

HÖHEN TIEFEN FREUD UND LEID

JENE FREUNDSCHAFT NIE ENTZWEIT

FREUND IST NICHT

GLEICH FREUND IM LEBEN

VIELMEHR EIN

ERWÜNSCHTER SEGEN

M.B.

~WARUM~

WARUM NICHT

EINFACH MAL ZUFRIEDEN SEIN

WARUM NICHT

NACH DEN STERNEN GREIFEN

WARUM NICHT

TRÄUMEN UND LIEBEN

WARUM NICHT

GEBEN UND SCHENKEN

WARUM NICHT

GÖNNEN UND FREUEN

WARUM NICHT

RISKIEREN UND GENIESSEN

WARUM NICHT

DAS >WARUM NICHT< ENTFERNEN

M.B.

~IM DUETT~

JEDES GEFÜHL IM EINZELNEN MEIST

EIN ANDERES GEFÜHL

ARM IN ARM

MIT SICH REIßT

M.B.

~SINNVOLL~

NUR WER TEILT

DEM NICHT ENTEILT

DASS GLÜCK IM KLEINEN

STETS VERWEILT

M.B.

~GELEGENTLICH~

DIE LIEBE IST DAS TOR ZU WELT

EIN TOR

DAS ZWEIEN MEIST GEFÄLLT

M.B.

~WIE EIN HAUCH~

DER KLANG DES MEERES

DAS RAUSCHEN DER WELLEN

SORGE UND NÖTE

IM TAKTE ZERSCHELLEN

DIE LUFT DIE SICH FINDET

DAS BAND WELCHES SICH BINDET

ZWISCHEN GLÜCK UND VERTRAUEN

LÄSST FRIEDEN ERBAUEN

M.B.

~IRGENDWANN~

IRGENDWANN MEINT

VIELLEICHT GLÜCK

IRGENDWANN MEINT

STÜCK FÜR STÜCK

IRGENDWANN HEIßT

VIELLEICHT BALD

IRGENDWANN HEIßT

SCHNELL ZU ALT

IRGENDWANN SCHEINT

NICHT WEIT WEG

IRGENDWANN SCHEINT

ES ZU SPÄT

IRGENDWANN IST

BIS ZULETZT

IRGENDWANN IST

HIER UND JETZT

M.B.

~EIN GERÜCHT~

ICH HABE GEHÖRT

MAL IRGENDWANN

DASS LIEBE HÜRDEN MEISTERN KANN

GAR BERGE TÄLER UND AUCH LÜCKEN

DOCH SCHON DER ANLAUF

HAT MEIST TÜCKEN

M.B.

~VON KLEIN AUF~

SEI FLEIßIG UND MUTIG

DANN WIRD DER FUNKE

ZUM TRAUM

DER TRAUM

ZUR HOFFNUNG

DIE HOFFNUNG

ZUM GLAUBE

UND DER GLAUBE

ZUM FEUER

M.B.

~NICHT NUR~

HEUTE HÄTTE ICH DICH GERN

AN DIE HAND GENOMMEN

ODER WÄRE MIT DIR

HINAUS AUFS MEER GESCHWOMMEN

VIELLEICHT HÄTTEN WIR

EINEN BERG ERKLOMMEN

ODER ABER

WIR HÄTTEN EINFACH SO ABGEHANGEN

UNS GEGENSEITIG AUFGEFANGEN

VIELLEICHT AUCH

AN EINEN AST GEHANGEN

ODER WÄREN

EINFACH VOR DIE TÜR GEGANGEN

VÖLLIG UNBEFANGEN

UND HÄTTEN DER WELT GEZEIGT

DASS LIEBE GUT UND GERNE

VON ALLEN ZWEIFELN BEFREIT

M.B.

~EIN LETZTER TANZ~

BRAUSENDE WELLEN

STÜRMISCH DIE NACHT

LAUB DAS AM BODEN

ZUM LEBEN ERWACHT

EIN TANZ SO WIE VIELE

UND DOCH NICHT SO GANZ

EIN TANZ SO HARMONISCH

MIT SEELE UND GLANZ

MIT WAHRHEIT GEFLUTET

DURCH LIEBE ERBAUT

EIN TAKT

DER ENTTÄUSCHUNG

UND LÜGE VERGRAULT

KOMPONIERT JENE NOTEN

DIE TÄGLICH ERKLINGEN

IM EINKLANG DIESES LEUCHTEN

ZUR VOLLENDUNG NUN BRINGEN

M.B.

~DAS FLIEGEN IM WIND~

DAS FLIEGEN IM WIND

WIE EIN KIND

SO WIE FRÜHER

SO GESCHWIND

IST EIN GEDANKE

DER BLEIBT

EIN LEBEN LANG

UND DICH TREIBT

NICHT SCHEUCHT

NICHT ENTFLEUCHT

NUR HÄLT

NIE VERFÄLLT

UND AUCH WENN DIE ZEIT BLENDET

DER TRAUM NIEMALS ENDET

DENN WAS BLEIBT IST DAS GLÜCK

WAS IM HERZEN VERZÜCKT

M.B.

~GELIEBT~

FRAGEND UND DOCH WUNDERSCHÖN

LÄSST DU MICH ERSTARREN

EBEN WOLLTE ICH MIT DIR GEHEN

NEBEN DIR VERHARREN

DEINE NÄHE DEINE LIEBE

IST DAS GLÜCK DAS MIR NOCH FEHLT

EHREN WÜRDE ICH DICH DU HOLDE

BIS DER MOND DIE SONNE QUÄLT

JENE ZEIT DIE SICH NUN GIBT

WILL SICH UNS BEWEISEN

FORTAN WILL ICH EIFRIG SEIN

MICH DIR TREU ERWEISEN

LASS MICH NUR EIN EINZIGES MAL

MIT DIR GEHEN IM LEBEN

DANACH WILL ICH DANKBAR SEIN

UND NACH NEUEM STREBEN

M.B.

~LEBENSLANG~

NICHT EIN ZWEIG

IST AUSSCHLAGGEBEND

NUR DIE WURZEL SIE IST PRÄGEND

SO KANN AUCH IN SCHWEREN ZEITEN

SICH EIN WEG INS GUTE LEITEN

DENN WER VIEL NIMMT

DER WIRD NICHTS GEBEN

NUR WER SCHENKT

DER WIRD AUCH LEBEN

M.B.

~HERZRUBIN~

GEZEICHNET VOM STURM

DER KEIMENDEN HOFFNUNG

ERSCHÖPFT VOM KAMPF

GEGEN SCHLUMMERNDE LIEBE

WAHRHAFTIG BESCHENKT

MIT EDLEN KRISTALLEN

AUS EINER SAMMLUNG

FURCHTLOSER DIAMANTEN

SO SIND ES DIE VIELEN

DIE LEUCHTEN IM GANZEN

SO IST ES DER EINE

DER GLÄNZT STETS ALLEIN

NICHT JEDEM WIRD

DIESER GLANZ AUCH ERKENNTLICH

NICHT JEDEM DRÄNGT ES

NACH SEINEM DASEIN

M.B.

~TANZ MIT MIR

FRAU MADEMOISELLE~

TANZ MIT MIR FRAU MADEMOISELLE

TANZ UND DU DARFST WÄHLEN

WÄRE ES DIESER AUGENBLICK

NIE WÜRDE ICH DICH QUÄLEN

TANZ MIT MIR FRAU MADEMOISELLE

TANZ UND LASS DICH LEITEN

FOLGE MEINEN SCHRITTEN STILL

ICH WILL DICH STUMM BEGLEITEN

TANZ MIT MIR FRAU MADEMOISELLE

TANZ UND LASS DICH FALLEN

DEINE HAND SCHMIEGT SICH AN MEINER

NIE WILL ICH SIE BALLEN

TANZ MIT MIR FRAU MADEMOISELLE

IN EINEM TANZ DER NIE VERGEHT

EINEM TANZ DER EWIGKEIT

WIE ER JÜNGST IM BUCHE STEHT

TANZ MIT MIR FRAU MADEMOISELLE

UNS FÜHRT DER SCHWUNG DES LEBENS

DIESES LEBEN WAS UNS WÄHLT

ES IST NIEMALS VERGEBENS

M.B.

~VON EINEM HIMMEL~

DEIN LÄCHELN WIRKT SINNIG

DER LÄCHELN WIRKT REIN

DEIN LÄCHELN VERMAG BOTE

VON GLÜCKSELIGKEIT SEIN

EIN ZAUBER DER GÜTE

KEIN BOSHAFTER GEIST

ES SCHEINT DASS DEIN LÄCHELN

MEINEN FRIEDEN VERHEISST

NOCH NIE DURFTE ICH VERGLEICHBARES

ERBLICKEN IM LEBEN

NOCH NIE HATTE ICH VERLANGEN

NACH ÄHNLICHEM ZU STREBEN

SO SEHR ES MICH MÜHT

DIESES ZIEL ZU ERREICHEN

SO SEHR ZEIGT SICH EINSICHT

ES GIBT NICHTS DERGLEICHEN

M.B.

~ZUM SCHLUSS~

WENN EIN LEBEN

SICH DEM ENDE RICHTET

MAN NOCH EIN PAAR

LETZTE ZEILEN DICHTET

WIRD BEWUSST

UND GLEICHFALLS KLAR

WIE KURZ DOCH SO EIN

LEBEN WAR

SO DACHTE MAN

IN JUNGEN JAHREN

MIT DEM ALTER

LÄSST SICH SPAREN

ERST WENN DANN

DIE ZEIT GEKOMMEN

LÄHMT DER GEIST

WIRKT SCHIER BENOMMEN

M.B.

~ ZU SCHENKEN HEIßT ZU GEBEN

GANZ EGAL IN WELCHER ART UND FORM

SOLANGE ES DOCH VON HERZEN KOMMT ~

DER AUTOR DIESES BÜCHLEINS

Notizen:

Herstellung und Verlag:

BoD – Books on Demand, Norderstedt

Bibliografische Information der Deutschen
Nationalbibliothek:

Die Deutsche Nationalbibliothek
verzeichnet diese Publikation in der
Deutschen Nationalbibliografie; detaillierte
bibliografische Daten sind im Internet über
http://dnb.dnb.de abrufbar.

ISBN: 978-3-7494-5384-9